그녀들을 심고 가꾸는 밤

그녀들을 심고 가꾸는 밤

김경진 시집

nol
bok

시인의 말

늘 말을 찾았다
늘 꿈도 꾸었는데 깨고 나면
잘 기억나지 않았다
그걸 찾으려고 시를 썼다

시를 쓰면서 찾은 건 말

내가 꾼 꿈이 시가 된 걸까
나는 말을 찾은 걸까

때로 밤이 너무 길었고
때로 너무 짧았으나
꿈으로 가득한
밤이
그래도 희망이었다

2025년 11월
김경진

차례

제2부 빛의 불면증

제1부

밤을 펼쳐 보니

보름달 술래

아마 사십사억육천만 년은 되었나 봐
내가 눈 감을 동안 너는
아가였다가 언니였다가 누나였다가 딸이었다가 엄마였
다가 다시 아가였다가 했지

그래서
내가 눈 뜰 때
너는

내
보름달이 되었어

네가 눈 뜨면 내가 잘 보여

나는 종종 달님이

나는 종종 달님이 되고 싶었어
달이 뜰 때 피어나는 달맞이꽃을 보면서
내 주위에 달맞이꽃을 찾았지만
아무도 없었지
아무도 나를 우러르지 않았으므로
나는 더더욱 달님이 되고 싶었어
달맞이꽃 앞에 얼굴을 들이대고
나를 봐
내가 네 달님이야
중얼거리기도 했지
달맞이꽃이 지고
달님도 보이지 않을 때
나는 진짜 달님이 되어야 했으므로
환하게 웃어도 보았어
달덩이같이 동그란 얼굴만으론 달님이 되지 못했으므로
나는 달님처럼 조금씩 조금씩 야위었어

너는 튼튼한 다릴 가졌어
너는 검은 눈동자가 아주 크구나
그럼 깜깜해도 잘 보이겠다
중얼거렸지

그러나 나는 달님 아니라 그냥 달맞이꽃
그러니까 나는
바라보는 자의 눈길을
그저 마주 바라보고 싶었는지 몰라

베개에서 생각이

베개에 머리를 대고 손바닥으로 얼굴을 쓰다듬고
눈을 감아 너를 생각하면 자꾸만 자라
베개에서 생각이

너는 돌멩이를 좋아해
물속으로 퐁 소리를 내며 사라지는
너는 돌멩이를 사랑해
신비로운 무늬를 몸에 새긴
너는 돌멩이를 던져
나에게
나도 돌멩이를 던져
너에게

나는 기다려 돌멩이가 너에게 가 퐁당 가라앉길
보그르르 방울 퐁퐁 떠오르길 그게 터지면 후 웃길
베개에 머리를 대고 얼굴을 묻고 눈을 감아
밤이면 밤마다 돌멩이를 던져
내일이 되면 하나도 떠오르지 않을 방울이 보그르 보그
르 보그르르

깊은 잠

자다 일어나 오줌을 누면
몸에 있는 물기가 모두 빠져나가는 느낌
바싹 마른 수건이 물을 튕겨 내듯
어쩌면
물 한 모금도 제대로 마시지 못할 거라는 느낌

물 그래 물
천천히 물을 마셔야지
생각하면서도

자자
이대로 바싹 마르자
화르르 탈 수 있게
그래서 감쪽같이 사라질 수 있게
자자 눈을 감아
싸리나무처럼 때죽나무처럼 붉나무처럼
연기도 나지 않게
자자 눈을 감아

밤을 펼쳐 보니

현관에 자전거를 세우더니
낯선 남자가 들어왔다
나를 지나쳐 커튼을 걷고 창을 연 다음 전등을 끄고
나를 세워 둔 채
내 의자에 앉았다

창을 내다보니
다시 낯선 남자가 있었다
정원에 파초를 심다 집으로 들어왔는데
하얀 목장갑을 식탁 위에 벗어 두고
내가 내려 둔 커피를 따라
내 집 창가에 앉아
나를 세워 둔 채
나처럼 밖을 내다 보았다
잔을 받친 손이 꽤나 넓었다
혹시 내게 건넬까 싶어 한참 지켜 보았으나
그는 잔을 내려놓고
하얀 목장갑을 챙겨 밖으로 나갔다
너무 자연스러워서
여기는 내 집이라 말 한마디 못하고
당신은 대체 누구냐 따져 묻지 못하고

나달나달 날이 갔다

이번엔 낯선 여자가 나타났다
처음 보는 그 여자는 지난번 그 남자와 얘길하면서
파초에 눈을 담그다 문득 생각난 것처럼
나를 보고 고개를 갸웃했다
너무 자연스러워서
여기가 내 집이 맞는 걸까
내 집을 의심하고
나를 의심하는
나를 두고

밤을 닫았다

창문 구조 고찰

두 개 레일에
제각기 투명한 문

투명과 투명의 테두리
겹쳐지는 그곳에 구멍을 뚫어 못을 박으면 되지만
그런 기술은 배운 적 없어서

자꾸 창문이 열린다
창문으로 누군가 넘어 들어올 수 있는데
열린 창문이라고 누가 쉬이 넘어 들까 싶지만
내가 포수를 싫어하는 걸 아는 토끼나 여우에겐
바위처럼 아늑해 보일 수 있으니까

게다가
바람은 숨 쉴 공기를 이리저리 옮기는 데 재미를 붙여서
나는 산소가 점점 모자라고
게다가
날갯짓 소리 발자국 떼는 소리 옷깃 나부끼는 소리 비 쌓이는 소리
귀에 선명하고

<

여긴 바위가 아니야
나비야 제발
꽃에 앉아
토끼야 여우야 얼른
숲으로 가

드나들지 않는 투명
밖으로 나가지 않아도 밖을 볼 수 있는 투명
난 단순한 투명을 원해
투명에 투명을 더해도 투명이지만
투명에 투명을 더하고 싶지 않아

숨 쉴 공기를 찾느라 두통이 가시질 않아
투명과 투명의 테두리
겹쳐지는 그곳에 구멍을 뚫어 못을 박고 말 거야
여기가 누구 집인지 아직 모르지만

호랑이를 잡으려고 새벽으로 들어서다

호랑이는 낮이든 밤이든 가리지 않고 돌아다니지만
내 눈에 띄는 건 언제나 새벽
뭐 가끔 길을 묻다 발견해 잡아 둔 녀석도 있지만
뭐 가끔 똥을 누다 발견해 묶어 둔 녀석도 있지만
자주 나타나지 않는다
기다리다 지쳐
본격적으로 잡으러 나선 것은 요 몇 년
어떤 시인에겐 손가락을 핥으며 다가온다는데
내게는 새벽에 온다

왜 호랑이는 이 새벽에 돌아다니나
내가 새벽에 깨는 걸 알고 있는 걸까
보이는 것이라곤 겨우 꼬리 끝의 끝의 끝의 그 끝의 한
가닥 털

새벽에 오는 호랑이는 그나마 아, 꼬리구나 알아볼 수 있
을 정도라
어쩌면 잡을 수 있겠구나 싶어
꼭 붙들고 싶어지는데
붙든다고 해도 한 마리를 온전히 잡기는 어렵지만
끄트머리를 잡는 건 제법 익숙해져 해볼 만한데

몸통을 잡아 얼굴을 마주 본 적도 있으니까

어느 틈엔가 닿은 털끝,
가만히 꼬리를 잡고
이 세상 가장 다정한 손길로
스르르 어루만지며 등으로 건너가는데
목덜미를 꼬옥 껴안으려는데
목덜미와 등 주르륵 미끄러져 꼬리까지 손길을 빠져나가
나를 마주 본다
이렇게 부드러운 털을 가졌구나 너는

내가 태어난 건 새벽 네 시쯤이 아닐까
나는 호랑이 꼬리부터 잡을 수 있게 태어난 게 아닐까
호랑이 해에 태어나 호랑이를 잡는다고 쓰려니
호랑이가 담배를 물고 깊게 빨아들인다
세로로 긴 시퍼런 눈을 본 것 같은데 곧 뿌연 연기에 가
리워진다
이건 아니지,
연기를 헤집으니 아침이다

호랑이를 잡으려고 새벽으로 들어서다

날이 샌다
날이 줄줄 새는 아침

상평^{上平} 하평^{下平}

봄이면 다래끼에
나물을 담을 수도 있었을 텐데
나는 종종 고름을 담았네

봄바람에 휘날리던 먼지는
언제나 내 눈가에 머물고
나는 종종 눈물을 찔끔거렸네

그러면 아버지
왼쪽 발바닥엔 상평^{上平}
오른쪽 발바닥엔 하평^{下平}

하늘에도 평화 땅에도 평화

그러니 나는
평화를 디디고 걸었네

동그란 눈가
동그란 다래끼에
노랗게 고름이 익어갈 때까지
봄은 천천히 머물렀다네

<

하늘에도 평화 땅에도 평화

두 발 모아 빌게 하셨다네

이십 분의 안녕

버스를 타려면 한 발 들어 올려 발판을 디디는데 그럼
몸이 마치 인사하듯 숙여진다
그래서인지 나도 모르게
"안녕하세요?" 인사를 하는데
그럼 버스 기사도 따라서
"안녕하세요?" 인사 나누고
자리를 잡곤 한다

그런 어느 날
건널목 옆 버스정류장
초록불을 내달려 문을 두드리는데도
열어주지 않는다

버스 꽁무니를 노려보면서
안녕이라니
툴툴거리며 이십 분을 기다려 다음 버스에 오른다
버스를 타려면 한 발 들어 올려 발판을 디디는데 그럼
역시
몸이 마치 인사하듯 숙여진다
그래서인지 버스 기사는
"안녕하세요?" 인사를 하는데

그럼 나도 모르게
"안녕하세요?" 인사를 받고는

안녕은 무슨 안녕
하면서도
지나가버린 이십 분의 안녕이
안녕해지곤 한다

혀가 불편하다

혀를 어디에 놓아야 하나
혀를 어디에 놓을지 몰라 입이 불편해진다
입안을 궁리하면서
단맛, 짠맛, 신맛을 느끼는 자리를 이로 눌러 본다
깨물면 아플까 깨물어 본다
내 이는 무엇까지 잘라낼 수 있을까
네 손가락 발가락 하나쯤은 문제없을 테지만
이제 이가 아프다
혀 때문
어금니에 충치는 없고

의사는 "엠—" 소리를 내보라고 했다
혀끝은 아랫니에 닿고 혀뿌리는 입천장에 가깝다
어금니는 서로 닿지 않아야 한다
그랬더니
입안에 펼쳐지는 허허벌판
따뜻하고 촉촉한 허허벌판

뭘 기를 생각 마
당근이나 풀 같은 거
말 같은 건 특히

그래 그러자고
고요한 허허벌판에 누워 다짐한다
내 이는 뭘 잘라내고 싶었을까
네 손가락 발가락 하나쯤은 문제없을 테지만

어쩌면 네 혀를 기를 수 있을까
꿀꺽,
침을 삼키자
허허벌판에 혓바늘 하나 돋아난다

가장 높은 바닥 말고

높은 바닥을 가진 사람이 즐비하다
빌딩 옥상이 도로가 되는 세계에서
언제까지
어디까지 떨어질지
알 수 없는
높은 바닥을 가진 이들

쿵 떨어져도 옆 사람이 깨지 않는 푹신한 바닥을 가진 당
신들이 있고
먼지조차 점프할 수 있는 탱탱한 바닥을 가진 당신들이
있고
말랑한 떡조차 깨져버리고 말 딱딱한 바닥을 가진 당신
들이 있고
어떤 송곳도 뚫을 곳을 찾을 수 없는 미끄러운 바닥을 가
진 당신들이 있고
떨어져도 떨어져도 떨어져서 바닥을 말하자면 끝이 없
는데
그러므로 중요한 건 당신이 무엇으로 만들어졌냐는 것

제대로 떨어지려면
혹은
다시 일어서려면

꺾이지 않는 마음

장미
네 붉은 마음을
불타오르는 마음을
곁에 두고 싶었어
그 마음이 내는 페로몬을 맡고
나도 불타오르고 싶었어

그러나 너는 결코 꺾이지 않더군
가시를 돋우고 끈끈한 수액을 흘리며
끝끝내 해지면서도 놓지 않더군

가까스로 뜯어낸 꽃숭어리엔 없었어
줄기를 가시로 만든 네 마음

공백채움말

너의 말은 온통
어······ 음······ 그······ 저······ 이······

네가 말하기 전부터
네가 말하는 동안에도
눈이 내렸다
개나리 가지는 눈이 너무 무거워
가지를 잘라내며 가벼워지고 있었는데

네가 무슨 말을 했더라
어와 음과 그와 저와 이 사이에 있던 말이 뭐였더라
그 말을 모으면 무슨 말이 되는 거였더라
너는 무슨 말을 한 것 같은데
너의 말은 전부
어와 음과 그와 저와 이 사이로 눈처럼 내려
너의 말은 어느새
우리 사이에 있는 공백들을 속속들이 채우고
머리 위로 어깨 위로 쌓일 수 있는 곳이라면 어디라도
낱낱이 쌓여

눈은 그쳤지만
눈처럼 쌓인 너의 말로

나는 너무 무거워져서

한 발자국도 움직이고 못하고

팔이며 다리며 머리카락이며 볼을 헤아리다

어디를 자르면 가벼워질까

가늠하는데

세상은 수직으로 낙하

툭 소리와 함께

하얀 눈에 덮인 하얀 운동화가 보이고

나는 한결 가벼워져 있었다

립밤으로 양파를 까자

입술은 양파처럼
까도 까도 까지는 껍질로 이루어졌다
어제의 어제 당신이 한 말이 아직 입술에 남아 있어
까슬까슬하다
그건 벗겨질 듯 들러붙어 피를 봐야 하는 껍질
침을 바르고
물로 씻어도
살과 한 몸이라 벗기기 곤란하니까

가방마다
방마다 놓아두어도 어디론가 사라지는
립밤을 찾는다
어제의 어제, 어제, 오늘, 내일, 내일의 내일
까도 까도 까지는 껍질을 다 벗겨내려면
얼마나 많은 립밤이 필요할까
세상은 넓고
립밤은 얼마든지 있다는 건
사실이겠지만

찾다 찾다
다 쓴 립밤을 면봉으로 긁어

양파 껍질에 바르고
어제의 어제
당신이 한 말의 껍질을 벗겨 낸다
피비린내 나는 입맞춤은 좀 곤란하니까
어제 당신이 한 말이 새로이 나타나
펑펑 눈물 나더라도
우린 서로 달콤한 입술을 원하니까

벌거숭이 당신을 위해

뒷목에서 시작
실을 잡아 한 코 한 코
떠내려간다
떠내려가는 건 고무신이었는데 잡지 못했다
어디쯤 갔을까 오래 생각하였다
그래서 당신은 아직 아무것도 걸치지 못한 벌거숭이
어디가 겉인가
어디가 안인가
되돌아가며 승모근을 가늠한다
구부러진 어깨를 감싸려면 같이 술잔을 기울여야 했을까
내가 기울인 건 대바늘 코바늘 돗바늘
그래서 당신은 아직 목덜미를 간신히 가린 벌거숭이
무늬를 만드는 건 잊지 않기 위해서다
여덟 단마다 네 코를 꼬아 사슬을 만들고 양 옆 두 코는
안으로 숨긴다
사슬처럼 꼬인 당신을 타박했는데 꼬여서 아름답다니
그런데 사슬의 끝이 어디인가 어디까지인가
아름다움은 끝이 없다

한 코 한 코 떠내려간다
당신의 심장이 있을 자리

쿵 쿵 뛰는 심장
쿵 쿵 살아 뛰는 심장
그래서 당신은 겨우 심장까지 가린 벌거숭이
그래 그리고 그 곁에 내 심장이 있었다
지금도 쿵 쿵 뛰고 있는 심장
아, 내 심장이 당신에게 안긴 자리를 이으면
당신의 품이 되는가

안겨 본 적 있는데
안아 본 적 있는데
품을 재느라
실이 아직 많이 남았어도
영영 당신은 벌거숭이

내일은 내일의 달이 있어서

지금 그걸 생각한다고 달라지는 건 없겠지
오늘의 태양이 지고
내일은 내일의 태양이 뜰 테니까

지금은 밤
생각은 꼬리가 있는 게 아니더라
내가 문 건 아가리
벌릴 수 없었어
문 걸 놓으면 달아나 버릴까
문 채로 아가리를 벌리려고 애를 쓸 뿐

오늘은 오늘의 달이 떴으니
오늘의 일을 해야지
달이 밝아도
들여다볼 수 없는 아가리를 어떻게 하면 좋을까
내일의 태양이 무엇을 해 줄 수 있을까
내일은 내일의 태양이 뜨겠지만
내일은 결코 당도하지 않는데

지금은 밤
오늘의 달이 아직 떠 있고

내일은 내일의 달도 있어서
들여다볼 수 없는 아가리를 물고
네가 살아 있는지 아닌지
오지 않을 내일을 기다릴 수밖에

게와 모래 1

열 개의 발가락으로 제 몸만 한 구멍을 내어
꾸역꾸역 기어들어가 있는 당신

당신 몸이 견뎌냈을 무게를 가늠하면서
이리저리 구멍을 찾아 헤맨다

한 개의 손가락으로 구멍을 찾으면
행여나 당신 있을까 그렇게
호흡 가다듬으며 그렇게
파헤쳐도

당신 그 구멍 속 가득 모래만 쌓아두고
날 반기지 않는다

게와 모래 2

우린 서로 사랑해
우린 오랫동안 함께 살았어

숨기 위해 혹은 살아남기 위해
끼어든 게 아니야

이렇게 서로 끼워져 사는 건
사랑하기 때문이야

칩거

바다는 나의 보금자리

해변엔 파도가 곧장 밀려와
모래에 이름을 쓰자마자 사라지지
뒷걸음질로 물러나도 당신은 끝까지 쫓아와
그래 이런 당신을 좋아해
할 수 있는 만큼 기어이 쫓아오는 당신
설마 여기까지
했을 때에도 어김없이 쫓아오고야 마는 검질김
그래서 그댈 사랑해

알아, 저 멀리 달아나면 지워지지 않는 이름을 쓸 수 있
겠지
그러나 그것은 나도 그대도 바라지 않는 것

그대는 지우는 일을
나는 지워질 이름 쓰기를
거듭하면서
되뇌면서
급기야

아무것도 지우지 않고

아무것도 쓰지 않고

살아 있는 이름도
남아 있는 이름도
모조리 사라지면 그때 나를 데려가 줘
나의 보금자리 바다로

너와 나의 샘

　너를 죽이고 네가 죽어서 너를 죽게 만들어서 정말 미안하다고 편지를 쓰자 네가 살아나 "엄마" 소리를 냈다 네가 부르는 소리에 깊고 깊은 구곡간장에서 솟은 눈물이 눈가 샘에서 끝없이 솟았다 너는 엄마를 부르는데 내 젖무덤은 너무 얕아 너에게 먹일 수 없을 만큼 메말라 버렸는데도 눈가 샘에선 다행히 눈물이 끊이지 않았다 너에게 먹일 수 있는 건 눈물뿐이어서 흐르는 대로 줄줄 네 입에 넣어 눈물을 먹이다가 문득 눈물이 솟는 구곡간장이 말라버리면 어쩌나 생각하다 네 얼굴을 보니 너의 눈물샘에서도 눈물이 솟아나고 있었다
　네 샘은 어디서 발원하는가 이렇게 작은 네 몸을 부둥켜안고 끙끙대다 너무 아까워 네 똥도 버리기 아까워 다 먹어버렸는데 생각하며 네 입에 내 눈물을 줄줄 흘리면서 "엄마" 부르는 소리를 들으며 자꾸 솟아나는 네 눈물을 핥았다 그렇게
　우리가 가진 샘물이 어느새 채워지고 있어서 너도 나도 촉촉하였다

경사慶事로 진鎭을 치다

아이가 태어나던 날
할아버지는 마당으로 들어선 사슴을 기다려
사슴뿔을 잘라 뗏목을 만들어 타고
강을 따라 내려갔대
사슴은 아이와 눈 맞추고 곧장 숲으로 가
침엽수림 뻗은 가지를 보며
뿔을 키웠고
뿔이 자랄수록 아이의 심장이 쿵쿵
쌍둥이 친구를 만나 개울에 고무신을
빠뜨리는 동안에도 사슴뿔은 무럭무럭
아버지는 아이와 들어선 사슴을 기다려
뿔을 잘라 뗏목을 만들어 타고
다시 강을 따라 내려갔대
아버지가 돌아오고 돌아오고 돌아올 즈음
아이는 가리왕산 고개를 넘을 정도

뗏목은 늘 부두에서 일어서서
책상이 되고 의자가 되고 어떤 집의 기둥이 되어
진지를 구축하곤 했는데
고무신을 찾으러 나선 아이에게
안식처가 되어 주었지

사슴은 지금도 침엽수림 뻗은 가지를
보면서 뿔을 키우는 중이고
사슴뿔 뗏목은
강줄기 스며드는 어느 곳에서라도
일어설 참이야

지금 여기도 그래
그러니 내 손을 잡아
사슴의 눈물 무늬 새겨진 고무신 한 짝
찾으러 가야지

버퍼링과 에코를 대칭으로 만드는 시간

거울아 거울아 이 세상에서 누가 제일 예쁘지?

너, 나뭇가지에 재봉실 풀어 머리카락 만드는 너

거울아 거울아 이 세상에서 누가 제일 예쁘지?

너, 세뱃돈으로 시집을 사다 수녀원에서 왔냐고 오해 받는 너

거울아 거울아 이 세상에서 누가 제일 예쁘지?

너, 꿈속에서 아기를 낳아 우르르 까꿍 웃음을 추리는 너

거울아 거울아 이 세상에서 누가 제일 예쁘지?

너, 나를 보면서 손가락으로 자꾸 눈꼬리를 치켜 올리는 너

거울아 거울아 이 세상에서 누가 제일 예쁘지?

너, 나를 보면서 손가락으로 입꼬리도 치켜 올리는 너

<

거울아 거울아 이 세상에서 누가 제일 예쁘지?

너, 이 세상에서 누가 제일 예쁘냐고 묻는 너

거울아 거울아 이 세상에서 누가 제일 예쁘지?

너, 내 말을 믿지 않는 너

거울아 거울아 이 세상에서 누가 제일 예쁘지?

너, 자꾸 내 대답을 듣고 싶은 너

거울아 거울아 이 세상에서 누가 제일 예쁘지?

너, 손가락으로 입꼬리를 올리지 않고도 살짝 입꼬리가 올라가는 너

거울아 거울아 이 세상에서 누가 제일 예쁘지?

너, 눈물로 거울을 닦는 너

가장 맑고 투명한 들기름 생각

오래 전
참깨와 들깨도 모르고
참기름과 들기름도 모르던 내게
들기름 열 병이 생겼어요

나는 들기름 한 병을 엄마에게 주었어요
어떤 들기름을 주었냐면
찌꺼기가 둥둥 떠다니는 들기름
기쁘게 받아 든 엄마는
여러 개가 있다면 제일 좋은 것을 남에게 주는 거라
다정한 한마디를 했는데요
엄마는 나에게 남이 아니므로 괜찮다는 것인지
엄마가 나에게 언제나 가장 좋은 것을 준 것이
남이라서였다는 것인지 찌꺼기가
가라앉지 않고 둥둥 떠다녔어요

들기름으로 할 수 있는 게 별로 없어
들기름 한 병으로 무우를 볶고
들기름 한 병으로 미역을 볶고
들기름 한 병으로 또 무우를 볶고
들기름 한 병으로 또 미역을 볶고

볶고 볶아도 남아도는 들기름을 결국 들에게 돌려주었던가요
가장 맑고 투명한 들기름이 맨 마지막 남았을 것인데
엄마처럼 온데간데없어요

그 후로 세상 모든 들기름에 가라앉지 않는 찌꺼기가 둥둥 떠다녀요
가장 맑고 투명한 들기름을 보게 된다면
내게서 가장 먼 남에게 주어야 해요
어디에 있는지 알 수 없고 누구인지 짐작조차 할 수 없는
엄마처럼요

바늘 하나로

그렇게 얇은 실로 언제 세상을 만들게요 그녀가 처음 바늘에 실을 감은 날, 내가 있었다면 그렇게 말했겠네 가느다란 코바늘로 이리저리 방향을 바꾸던 손목이 눈앞에 눈물처럼 떨어지네 어머니 이제는 더 이상 바늘을 들지 않으시네 잠자코, 저 멀리서 코가 하나하나 빠지기를 기다리시네

계집애들이 생리를 끝내고 벌건 팬티를 이리저리 늘어놓네 대야 속 가득 우러난 핏물, 멀거니 두 눈을 담그시다가 지친 목소리로 지나는 사람들에게 기대시네 아직도 비가 많이 오나요 언제쯤 바짝 해가 날까요 아무에게나 다정한 목소리로 말을 건네시네

텔레비전도 밥솥도 냉장고도 모두 레이스 망토를 걸치고 선풍기도 찻잔도 전화기도 모두 레이스 깔개 위에 앉았는데 나는 망토도 방석도 없네 나는 모자도 목도리도 장갑도 양말도 없네

너무 많이 떴구나, 거기서부터 다른 무늬인데 정신을 바짝 차려야지 더하기 빼기 곱하기 나누기도 잘 모르는 어머니가 길이를 재고 둘레를 재고 폭을 재서 잇고 자르고 묶고 풀어 실을 건네시네 이제 내가 바늘에 실을 걸고 있네

밥솥 덮개 주전자 받침 찻잔 받침 코가 하나하나 빠지기를
기다려 어머니,

　가만히 실을 잡아 당겨 내게 건네시네

그 동굴 방이 아름다워서

나는 짐이 많았던가

하왕십리 1042-62번지
바위에 시멘트를 발라 만든 아름다운 집
문을 열면 부엌 세간살이가
왼쪽으로는 시멘트 마루와 맞닿은 바위가 동굴처럼 이
어지고
오른쪽으로는 방이 자리했던가

어린 나는 시멘트 마루 동굴 안
쌀독과 감자 소쿠리 옆에
상을 놓고 책을 얹고 공책을 펼쳤다
차갑고 습기 차는 그 동굴 방이 아름다워서

얼마 되지 않는 책 몇 권, 필통과 돌멩이
나뭇가지와 재봉실로 만든 긴 머리 인형 같은
작고 아름다운 살림살이를 어디에 놓을까
궁리하느라 설렜다

그러나 네모반듯한 집 너른 창 달린 방에서 잠을 자도
꿈에선 그 작고 아름다운 살림살이가 아직도 한가득

내려놓을 자리를 저울질하느라
이리 기우뚱 저리 기우뚱

차갑고 습기 차는 그 동굴 방이 아름다워서

다락방에 올라

이제 우리 집은 방이 두 칸
더 이상 오를 데 없는 꼭대기에
퍽 넓은 방이 하나
그 방에 사다리를 놓고 오르면
곤로 불 피우는 부엌 위
다락방

다락방엔 아주 자그마한 창
동생들과 옹기종기 창을 내어다 보며
욕을 하고 소리를 지르고
노래를 하고 일없이 싸우다 지칠 때쯤

서른세 살 어머니가 미싱 일을 마치고 돌아와
곤로 불 피워 저녁을 지으면
그 온기가 다락방을 덥혔으나
고단한 마음은 차가운 소리만 낼 수 있어서
들으면 들을수록 살얼음이 끼고
작고 역시 고단했던 어린 마음은
어머니의 뺨을 갈기고 나서야
한껏 따뜻해진 어머니를 세워 두고
부랴부랴 잠자던 열세 살 저를 깨워

＜

다락방에 올라
책상 위 책을 덮고
동생들을 내려 보내고
일기장 자물쇠를 채우고
자그마한 창 꽁꽁 닫고
가만 눈감으며

사다리를 어디에 둘까 궁리

길을 나설 수도 있는 집

서랍을 열면 내가 메던 가방이 들어 있다

어느새 잊고 언젠가 잃어버린

거기에 담겼던 겨울날 온기와 깔깔한 외출의 설레임 그
러나

거기

그 집에는 있다 무심하게 서랍을 열면

이게 여기 있었네

모두에게 들으라고 혼잣말을 하면서

귤도 미라가 되는가 신비해하며 가방에서 꺼내고

안쪽 지퍼를 열면 꼬깃꼬깃 말라 비틀어진 만 원짜리 오
만 원짜리

내가 돈을 잊다니, 잃어버리다니

무슨 일이 있었나, 돈을 잊을 만큼 마음이 평화로웠나
더듬을 때

그거 내가 넣어 둔 거 아니야?

갑자기 나타난 엄마가 하는 말

말도 안 돼 누가 돈을 이렇게 접어

이런 말을 할 걸

세뱃돈이었나, 아직도 빳빳한 지폐를 펼치며

이건 내 거야

이렇게 말할 걸

<

새벽 네 시

못한 말 아니고 하고 싶은 말 해보는데

다시

그 집에 가고 싶다

엄마는 설거지를 마치고 아무렇게나 앉아 티비 보며 빨래를 개고

아빠는 노트를 펼쳐 삶을 궁리하고

동생들은 귤 까먹으며 티격태격 싸우는 집

이상하게도

서랍을 열면 한 컨에 내 다섯 살 아들이 입던 빨간 점퍼와 옷가지가 개어져 있는 집

도저히 다시 갈 수 없어

또 뭐가 있었더라 자꾸만 더듬는 집

서랍에 내가 메고 다닌 가방이 잔뜩 들어있는 집

어쩌면 그 중 하나를 꺼내 들쳐 메고 길을 나설 수도 있는 집

검은 보름달 눈동자

우리 아기가 아팠어

왼쪽 검은 눈동자가 얼마나 커졌는지

보름달처럼 눈을 가득 채웠지

노란 보름달 아니라 검은 보름달

아기는 방긋 웃었는데

보고 있자니 자꾸 눈물이 났어

우리는 수건 한 장을 돌려가며 눈물을 닦다 길을 나섰어

첫째 아이가

둘째 아이를 데리고

둘째 아이가 셋째 아이를 데리고

셋째 아이가 넷째 아이를 데리고 차에 탔어

자리가 좁았지만 아무도 떨어뜨리지 않고 병원에 도착했지

의사 앞에 아기를 앉혔는데

의사는 아기를 다시 저만치 앉혀 두고

우리 눈을 크게 벌려 눈꺼풀을 까뒤집고

차례로 약을 넣었어

수건을 같이 쓰지 말라는 처방을 듣고

안약을 하나씩 챙겨 들고

집으로 왔지

이제 우리는 같은 수건을 쓰지 않아

검은 보름달 눈동자를 가진 아기가 웃어도

눈물을 흘리지 않지

같이 있을 때 길을 잃었다

그대여
내겐 샐 길이 없었다
가지 말라는 길은 보이지조차 않았다
그런 게 있을 리 있다는 걸 알지만 내게는
생겨나지 않았으므로 나는
곧장 뻗은 길로만 다녔다

그런데 그대를 만나고
그대와 걸을 때
무진장 길을 잃었다

이야기하느라
뚫린 길이면 어디로든 갔다
그게 샛길인지도 모르고
가지 말라는 길인지도 모르고
막힌 길인지도 모르고
길이 아닌지도 모르고
전철을 놓치고
버스를 놓치고
한번 올라타면 갈아타지 못해
끝까지 가기도 했다

<

되돌아가는 길이 하나가 아니라는 것도
그런 게 있을 리 있다는 것도 모르지 않았지만
처음 걸어 보았다
길이 늘어났고 갈라졌고 세상이 넓어졌다
길이 너무 많아
세상은 점점 알 수 없어졌다

그대와 있어
길을 걸을 수 있지만
길을 찾을 수 없다는 걸
함께 찾는 길
그런 게 있을 리 없다는 걸 몰랐다

길은 혼자서 가야 한다는 걸
길은 그런 거라는 걸 알았다

빛의 불면증

나는 늘 잠과 잠을 자는데
이제 그만 자자 눈을 감아도
잠은 오지 않고 곁에 앉아만 있을 때가 있다
어서 자자고 나는 좀 피곤하다고 잠을 외면하고 그냥
눈을 감으면 잠이 오는 대신
그가 보인다

빛을 받으면 형상을 알아 볼 수 있을 텐데
나는 눈을 감았으므로
그는 까맣게 작은 알갱이로 흩어진다
때로 떼로 몰려다니며 번쩍거리기도 해서
나는 잠과 잠을 자고 싶으므로
눈을 번쩍 뜨고
잠을 애처롭게 바라볼 수밖에 없는데
잠은 여전히 곁에 앉아 나를 바라보기만 할 뿐으로
너무 피곤하고 지쳐 그만
눈을 감아버릴 때

이번에 그는 흰 알갱이로 흩어졌다 모여들면서
무너져 내리는 아파트로 데려갔다
밑이 막힌 변기 앞으로 데려갔다

남루한 주택 옥상 정원으로 데려갔다
알 수 없는 곳으로 데려가므로

내심 나는
잠을 두고 눈을 감을 때
빛이 없어도 형상을 드러내는
그의 다재다능함을 볼 수 있으려니 기대하기도 하는데
부를 때는 오지 않던 잠이
코를 골며 들이닥쳐서
곧장 흩어 버리곤 한다

그녀들을 심고 가꾸는 밤

잠자리에 들기 전 오줌을 눈다
오줌을 누고 누웠으나
오줌은 잠을 데려오지 않고
생각을 데려온다
그녀와 그녀는 잘 어울리는데 왜 서로를 멀리하나
그녀가 그리스에서 온다고 했나 글을 쓰고 온다고 했나
그녀가 과일 칼이 아니라 관리 카드를 달라고 한 건 맞다
그녀 생각을 하면서 오줌이 고인다
오줌이 고이면 오줌을 누고
그러나 오줌은 잠을 데려오지 않고

나를 응원하지 않으나 나를 찾아오겠다는 그녀를
조금 미워하고 또 조금 가여워하다
그녀라면 어떤 응원을 했을까
각양각색 꽃으로 꽃다발을 만들어 건네기
각양각색 웃음을 펼쳐 보이기
그녀의 응원이 꼭 필요한 건 아니지만
향기는 힘이 될까
그녀가 내게 어울린다고 한 게 히피컷이었나 히메컷이
었나
　머리를 하러 가는 길에 그녀를 만나 차를 마실까 밥을
먹을까

솔라솔라로 말하는 원장이라면 내가 원하는 대로 해 줄
텐데
자동차로 두 시간 하고도 꼬박 세 시간을 앉아 머리를 해
야 하나
그녀라면 그랬을까
그녀 생각을 하면서 오줌이 고인다

오줌이 고이면
오줌을 누고 아침을 맞는다
아무것도 피어나지 않은
눈부신 아침

잠자리 한 마리

간절함에 푹 담근 이름
안녕의 열망에 절인 이름
어쩌면 단박에 약이 되는 이름
아픈 델 알면 부를 수도 있을 이름

밤새 당신을 생각하다
베갯맡에 떨어진 호랑이 털을 주워 들고
약국 앞에서 서성거린다

나는 어디가 아픈 걸까
모두 잠들어
아무도 깨지 않는 밤에 일어나
당신을 곁에 두고 쳐다만 보다 새벽을 맞을까

부르면 약이 될 이름이 있는데
부르기만 하면 되는데
그럼 내 눈을 감기고 자장가를 흥얼거려 줄지도 모르
는데

건널목 안전 봉에 앉은 잠자리 한 마리
잠자리 날개로 쏟아지는 햇살

당신이 따라와 나를 본다

꽃을 걸어 두고

바퀴 빠진 차들의 언덕
성큼 발을 들어 오르는데
발자국으로 패이는 보닛 루프 트렁크
내 왼손엔 커다란 꽃 세 송이가 들려 있었지
(네 왼손에 들린 건 오직 내 손)

어디서부터 걸어온 걸까
숲인지 바다인지
너도 꽃을 주려던 거였나?
(네 손은 물론 두 개지)

늘어선 줄 뒤에서 그를 보았어
다른 이들이 꺾어 온 꽃을 이리저리 훑어보곤 곧 돌려
주더라
나는 차마 건네지도 않았어
눈 닿는 언저리에 머무는 것들을 알아채지 못하는 인
간은
꽃을 받을 자격 따위 없으니까
(너도 알지?)

늘어선 줄을 끊어 벽에 꽃을 거는데

그가 때마침 우스갯소리를 하더라

얼마나 우스운지 아하하 웃음이 나는 거야

내 목소리가 그렇게 클 줄 몰랐네

꽃이 아래로 목을 늘어뜨린 순간

그와 눈이 마주쳤어

(그런데 넌 어디 간 거야?)

사람들이 밟은 발자국으로 자동차는 올록볼록해

나는 볼록한 곳을 밟아 평평하게 만드느라 조금 비틀거
렸어

(어쩌면 바퀴를 끼울 수 있을까?)

나는 어디서 꽃을 가져왔을까

꽃이 마르는 동안

너를 찾으러 갈까 해

바칠게

–시스투스 알비두스로부터

누가 심심하다고 불장난을 하겠어
추워서 그런 거지

양지발라 발가벗고도 따뜻했다면
빛을 가려주던 손 따위
우산을 씌워주던 마음 따위
없었다면

꽃 피우고 싶지 않았을지 몰라

추워서
너무 추워서 그런 거지
그러니 바칠게
꽃

까맣게 타 그을린 숲에서 살아갈
힘

그러니 보고 가

나는 내일 죽겠지만
너도 내일 죽겠지만

* 시스투스 알비두스

지중해에 자생하는 식물로 인화점이 낮아 고온에 노출되면 내화성이 있는 씨를 뿌리고 발화하기 쉬운 분비액을 내뿜는다. 주변을 더 타기 쉬운 환경으로 만들어 자신은 물론이고 주변의 식물까지 불태우기도 한다. 꽃은 하루 정도 피고 꽃말은 '동경' '나는 내일 죽겠지' '임박한 죽음' 등이다. 씨앗은 타고 남은 재를 양분으로 삼아 다시 발아한다.

무사의 날

내 사랑이 무사하다
내가
우리가 무사하다

햇볕은 따스하고 공기는 차므로
찬 공기를 들이마시고
후– 데워진 공기를 내뿜어
무사를 연장한다

무사는 무예를 익힌 자
그러므로 우리의 무사는
아무리 찬 공기라도
앞뒤 노릇노릇 익혀 따스한 숨을 내쉰다
그렇게 날로 튼튼해진다

우리의 무사를 깨뜨리는 일
있었으나
지나쳐 왔으므로 없고
있으나
지나쳐 갈 것이므로 없다

<

오늘도 무사의 행렬이 지난다
무사가 내쉰 봄바람이
내 곁으로 분다

후– 데워진 공기를 들이마시고
무사를 위해
보얀 미역국에
곤드레나물로 꽁꽁 싼 불고기와
들기름으로 무친 하얀 도라지를
한 상 두 상 세 상 자꾸 차려 바쳐야지
날로 튼튼해져야지

그냥 강익중이 살던 여기는 청주

청주는 미술관이 많아
카페가 많지
그런데 아직 맛있는 떡볶이집을 못 찾았어
그냥 그렇다고
김그냥 이름 어때
무슨 소리야
그냥 아무 소리
맛있는 칼국숫집도 찾지 못해
두리번거리다 찾아간 곳은 청주시립미술관

열시 반부터 도슨트의 해설을 들을 수 있다는데
마치 그러려고 온 것처럼 시간이 딱 맞다
이 층으로 오르는 벽면에 강익중의 자기소개서가 있다

이름은 강익중
호는 그냥입니다
장난으로 지었다가 굳었습니다
떡라면을 제일 좋아합니다
물론 신당동 떡볶이도요
고등학교를 그 동네서 나왔습니다
취미는 걷기

온종일 걸을 수 있습니다
김밥 두 줄만 있으면
중학교 때 집이 망해 후암동에서 신사동까지 걸어 다닌
적도 있습니다
고향은 청주
하루에 열두 번쯤 생각합니다
무심천과 우암산 때문입니다
사는 곳은 뉴욕
하지만 갈 곳은 떠나온 곳입니다
저 맑은 곳

이름은 나는 누구지?
호는 없고
집은 한 번도 망한 적 없어 버스를 타고 다녔다
꿈에선 버스비조차 없을 때도 있지만
가야 할 곳엔 기어코 가 있었다
고향은 정선
일 년에 두어 번쯤 생각한다
장마에 떠내려간 꽃고무신 때문이다
사는 곳은 청주
하지만 갈 곳은 꽃고무신이 떠내려올 곳

물살이 원을 그리는 곳

어디서 누군가는 이곳 청주를 그리며 오고 싶어 하고
여기서 나는 살고 있다
맛있는 떡볶이 파는 집을 아직 모르고
맛있는 칼국수 파는 집도 아직 모르지만
무심천에 돌멩이를 던지고
첨벙 웃는 소리를 들으며
뭔가 떠내려 오는 게 없나 두리번거리면서

풍향계 안부

박칼린의 리투아니아
걸어서 세계 속으로 본다
보면서 걷는다

집집마다 걸어 둔 풍향계가
손님을 맞는다
풍향계를 보면
집주인이 무얼 하는 사람인지
무엇을 거두고 기르는지
어떤 걸 가진 사람인지 안다
바람도 알고
걸어서 세계 속으로 가는 사람도 알고
걸어서 세계 속으로 가는 사람을 보는 사람도 안다

네링가 옆 어촌 마을 니다(Nida)에 부는 바람은
좋겠다
안부를 물을 수 있어서

바람은
집주인이 가진 배 돛에다 입맞춤을 하고
집주인이 기르는 오리들 날개를 간질이고
집주인과 걷는 말 등을 쓰다듬을 것이다

<

집주인은 풍향계를 얼마나 오랫동안 만들었을까

바람도 알고
풍향계도 안다
바람의 안부를 받고
배를 타고 바다로 나가는 주인이
오리를 기르고 말과 걷는 주인이
풍향계에 매달 또 다른 꿈을 꾼다는 것

충북 청주 명암지 아래 장자마을에 부는 바람을 위해
가락바퀴로 실을 뽑는다
비둘기를 쫓는다
통째로 꿈인 잠을 잔다
깨어나면 창을 열고 커튼을 묶는다

바람 부는 대로 돌아갈
풍향계를 위해

캡틴, 어디로든 갑시다

눈이 아파
작은 빛도 눈부셔
커튼을 치자
암막

창 너머는 바다
걱정 말아 바닷물이 들지는 않아
우리에겐 어떤 빛도 들지 않는 커튼이 있고

그런데 자꾸 창이 열려

긴 머리칼이 펄럭
바람이 불어요
로즈마리 향이 묻어 오네요
아 구름이 해를 가려 눈을 뜰 수 있어요
암막을 걷어요 출발 신호일 거야
커튼을 묶어 돛을 올려요
바다로 나가는 거야
머리도 묶어 돛을 올려요
조금이라도 바람을 모아야죠
바람이 밀어주는 데로

바다를 가르고

가 보는 거예요

물 한 모금 마셔요

목구멍을 통과해 뱃속으로 흐르는 길을 느낄 수 있는 것처럼

크게 숨을 들이 쉬어요

로즈마리 향이 불어오면 머릿속으로 길이 납니다

저기예요

캡틴, 어디로든 갑시다

제3부

마음을 놓다

너의 외로움을 물으러 가서 나의 외로움을 묻고 오는 길

몇 그램이야

재어 보고 싶어

너 말고 나

네가 얼마나 외로운지 궁금해서

나도 체중계에 올라서곤 하는데 늘 모자라거나 넘쳐

너를 덜 외롭게 하는 모자라지도 넘치지도 않는

그 무게는 대체 몇 그램이야

네가 얼마나 외로운지 궁금해서

귀도 조금 열었는데

네 북소리는 얼마나 크게 울리는지

대체 어떻게 치는 거야

아, 내겐 북이 없구나

하긴 난 튜브도 없어서

네 튜브를 타기만 해

나는 그래도 숨을 쉬니까

후ㅡ

네 튜브는 내 덕분에 빵빵한 거야

잘 지내길 바라

오늘의 공작

어젯밤 계수나무 아래 토끼 한 마리
절구질하며 달의 흔적을 여미는 것 보았는데
그 때문인가
길바닥에 떨어진 계수나무 잎
제각기 꽁지깃이 노랗게 물들어 있다

꼬일 대로 꼬인 차들을 호위하는
공작단풍
갓 돋은 붉은 깃을 펼쳐 볕에 말리는 중이고

오므린 줄 모르고 오므린 채
사는 줄 모르고 사는
당신에게

볕이 비치면
절로 펴지는 생인 줄 아는
공작고사리가
동그랗게 깃을 펼친다

그러면 당신
의자를 끌어당기고 앉아
펼친 손바닥 위로 어른거리는 날개를 잡는다

슥삭 슥삭

다듬는 소리

오늘의 공작

나의 마법사님과 함께

나의 마법사님은 이름을 부르지 않고
새로이 이름을 지어주신다 웃음으로
내게 웃으라 하시면
입꼬리는 물론 눈꼬리 아래 주름까지 거들어
짜 놓은 주문에 걸려든다
머리카락 하나도 빠져나가지 못해
웃음소리에 맞춰 휘날리고

나의 마법사님은 택하신 연필로
태어나게 해 주고 길러주셔서 감사합니다
주문을 엮으면서
하루 또 하루
마법지팡이를 길들이신다

그럼 나는 새로이 지어준 이름에 걸맞게
여름의 포부 못지 않게
나날이 푸르고 싱싱해져
초록 드레스를 늘어뜨리고
빙그르르 춤과 함께 블루베리를 똑똑 두드리면
나의 마법사님은 한 알 한 알 잊지 않으시고
주문을 엮어 호로록 입안에 넣으시며

마법지팡이를 휘두르는데

그럼 나는 꼼짝없이
입꼬리는 물론 눈꼬리 아래 주름까지 거들어
짜 놓은 주문에 걸려든다
머리카락 하나도 빠져나가지 못해
웃음소리에 맞춰 휘날리고

여름은 마법사님이 다녀간 자리마다
초록을 반짝

마음을 놓다

마음이 어디에 있을까
눈길이 닿는 곳인가
심장 언저리를 매만지다
손가락 끝을 비벼본다
여기에 있나

네가 마음을 놓고 지내라고 해서
나는 마음을 찾기 시작했는데
도무지 어디에 있는지 알지 못하므로
내려놓을 마음이 없는 게 아닌가 하면서
후 길게 한숨을 내쉬다 무언가 가벼워지면
코 언저리를 휙 내저어 본다
여기로 흩어졌나

그러나 여전히 어디에 있는지 알지 못하므로
나는 늘 마음을 놓지 못하고
엉거주춤 어영부영 머뭇거리다

오늘은 어디에 있는지도 모를 마음을 들고
변기에 앉아 첫 마디를 떼려는 것인데
서두르지 말자고 웅얼웅얼거렸던 것인데
내가 놓은 것이 무엇이었나

엉망이 되어 무슨 말을 하는지
통통 물이 튀어 올라
괜스레 웃음이 나는 것인데

어디에 있는지 몰라도
이렇게 놓을 수 있는 것이 마음이라니
꼿꼿이 서서
거울을 마주 보았다

어떤 커피를 좋아하세요?
여기 오늘의 커피가 있습니다만

누군가
어떤 커피를 좋아하세요? 라고 물어서
너무 놀랍고 기뻤다고 그녀가 말했다
그래서 그녀는
처음 만난 그녀에게도 그 기쁨을 전하려고
어떤 커피를 좋아하세요? 라고 물었는데
처음 만난 그녀가
뜨거운 커피에 얼음조각 하나 들어간 커피라고 말해서
나는 이 시를 쓴다

어떤 커피는 어떤 커피일까

　어떤 커피는 관목들과 몇 권의 시집을 사고 마일리지 사
은품으로 받은 드립백 블렌드 오렌지 선셋, 어떤 커피는 헤
링본 뜨기를 시작으로 목과 어깨 가슴까지 밥도 먹지 않고
떠내려가다 잠시 멈추고 호로록 마시던 밥 먹은 것처럼 든
든한 맥심 모카 골드 믹스, 어떤 커피는 박소이 시인의 음
악하는 아들이 연희동 카페에서 "커피 향은 갈 때가 최고"
라며 꽁꽁 싸 준 내릴 때마다 최선의 음을 내던 시트러스
향이 은은한 연희 블렌딩, 어떤 커피는 드립백 커피가 티

백처럼 우러나길 기다리던 남편이 화들짝 놀라 주르륵 웃음을 뜯어 건넨 종이 냄새 씩씩한 커피, 어떤 커피는 모카 포트로 끌어 올린 폭포수에 설탕 한 조각 퐁 던지고 행운을 빌던 커피, 어떤 커피는 동시상영 프로그램을 마친 그녀가 수줍게 내민 무채색 봉지 안에 고요히 담겼던 나는 시가 좋아요 향이 나는 커피,

　이 년 전 만난 그녀와
　일 년 전 만난 다른 그녀가
　올해 생각 나 그녀들처럼 놀랍고 기쁜 마음을 여기 갈아 내린다

오늘 아침 이 자리

감꽃 왕관이 예뻐서,
붉은 장미 잎을 간직한 꽃봉오리가 예뻐서,
바다 빛을 품은 소주병이 예뻐서,
소주와 함께 밥 먹은 우리가 예뻐서,

오늘 아침 이 자리에

파초에 두 눈을 담그고

네가 아는 초록을 모두 가져와
여기 풀어 놓아줘
잎이 넓어 눈을 담가 우려내기 참 좋아
네 초록과 내 초록이 제각기 지느러미를 살랑대며 다가가
또 다른 초록을 낳는 걸 볼 수도 있겠지
우리가 모르는 초록이 자라는 걸 같이 지켜보자

네가 아는 초록을 모두 가져와
여기 풀어 놓아줘
잎이 넓어 눈을 담가 우려내기 참 좋아
돌돌 말린 파초가 피어나듯
돌돌 말린 마음을 펼쳐 너에게 보여줄게
천장을 보고 누워 같이 잠을 자자

아침이 되면
피어나는 파초를 위해
초록 눈물을 살짝 떨어뜨리자
우리가 만든 초록을 위해
조금만 울자

돌돌 말려 태어나 화르르 피어날 파초를 위해

접속사가 필요하다

누군가 진짜 인생은 접속사 없이 이어진다고 했다
그런가

나는 늘 접속사가 필요했다
내 문장을 읽던 누군가는 접속사를 지우기도 했는데
없어도 읽히긴 했다
그러나 나는 늘 접속사가 필요했다

아무 일도 벌어지지 않아서
건너 갈 다리가 없어서
언제 문장이 시작될 것인가 하고

내가 어제 한 일도 온통 접속사를 만드는 일
오늘 내가 한 일은 온통 접속사를 만드는 일
내가 내일 할 일도 온통 접속사를 만드는 일

어쩌면 진짜 인생은 접속사를 찾았다 지우는 일
앞뒤가 안 맞아
맞춤하게 이어줄 말을 찾는 일
찾고 잊어버리는 일

〈

어제 그런 일이 벌어졌고

오늘 난데없이 벌어지는 일이 있고

내일 어떤 일이 벌어질지 모르는

그게 진짜 인생이라면

어제와 오늘, 오늘과 내일, 어제와 내일 사이에 내가 해야 할 일은

접속사를 찾는 일

내가 어디에서 무얼 하고 있나 하고

다시 잊고 말더라도

희망한 봄날

태양이 손가락 사이로 흘러내린다
멀리 있기에 망정이지
데이지 않은 게 어디야
어딘가 있을 거야
흘러내리기 전 추릅추릅 받아 마시는 인간
태양 빛을 경단으로 빚으면 어떨까
음 그건 신이 하는 일
남천 빨간 열매 좀 봐
주목 열매도 빨갛던데
대체 누가 먹어
인간 아니라 새
아니 빨간 사과도 있으니까
그럼 너네
너는 사과를 좋아하고

앞 차는 이오사팔
이오사팔은 그냥인데
그냥이는 아무 일 일어나지 않은 날 없지만
무슨 일이 일어난 날도 별로 없어서
아무 일이나 벌이려고 발버둥 치더라

<

입구가 단단히 막혀서
고무장갑을 끼고 돌려도
열리지 않아
열려야 벌이지
열리지 않는다고
그냥 난리야

베란다에 열린 건 남천 빨간 열매
피기 전 하얀 꽃
피기 전 꽃망울
우수수 부서지는 꽃망울
지난가을에 받은
희망한 봄날 보내라는 인사

길거리에서나 열리는

빨간 사과
빨간 주목
빨간 남천

꽃가루 눈

오월
길가 한 편에
눈처럼 쌓여 있다

꽃가루 하얗게

지난가을 떨어진 캐나다 단풍나무 잎이 바삭하게 말라
부서지는 곁에
올봄 야들한 벚꽃 잎이 떨어졌다 말라
비틀어진 곁에
방금 어딘가에서 날아온 꽃가루가
눈처럼 소복이 쌓여

내 눈에 들어온다

눈처럼 뭉쳐 볼까
손 뻗지 못하고
눈으로만 뭉치는데
뭉쳐질 리 만무

눈자위는 붉게 물들어
자꾸 가려워

손등으로 꾹꾹 눌러 보다

날아올라라
바람을 잡아라
이렇게 사라질 것이냐

쌓인 눈더미를
휙휙 발로 차 보는

오월 어느 날
길가 한 편

내 귀에 매미가 산다

내 귀에 매미가 산다 내 귀에 사는 매미는 노래하지 않고 소리친다 그들은 굼벵이 시절에 노래했다고 한다 그들의 노래는 귀뚜라미나 쓰르라미에 비할 수 없이 가늘고 처량하며 구슬프면서도 아름다웠다고 그들의 노래가 울려퍼지는 가운데 차가운 공기가 하늘을 얼려 별이 부서질 듯 날카롭게 빛났다고 만약 내가 들었다면 별을 쳐다보며 눈물 한 방울 흘렸을지 모른다고
매미는 소리치곤 한다

나는 들은 적 없어서 부른 적 있는지 알 수 없고 믿을 수 없는데도 매미가 소리치는 소리를 들으면 찬 흙바닥에 닿은 머리카락과 뒤통수가 느껴지고 파란 하늘 바탕 초록 나뭇잎이 드리우는 그늘이 느껴진다 그제야 눈을 뜨고 태양을 가늠할 수 있기는 하다

내 귀에 사는 매미는 다른 곳에 살아본 적 없다는데 가끔 자기 귀에도 매미가 산다는 사람을 만나기도 한다 그들은 주로 귀에 손을 가져다 대며 매미와 같이 소리치므로 나는 그들을 안다
나도 한때 그런 적 있으므로

<

그러나 이제 나는 차마 같이 소리치지는 않고
굼벵이 시절을 노래하며 보낸 매미가 소리치는 때에 맞춰
햇빛 쏟아지는 길거리 한가운데서 눈을 뜨고
태양을 마주 보려 할 뿐이다

가을의 속살

추암에서 바다를 가지고 왔다
살갗을 촘촘히 누비는 파도
거품이 자잘하게 일어난다
나 말고 더러 가져온 이 몇 더 있을 테니
그들에게서 거품이 바닥날 때쯤이면 가을이 되겠다

이해의 낭비

나에게 오지 마
내가 말을 조금 하는 건 많이 들을 수 있어서가 아니야
나에게 오지 마
공을 몬다는 그 기쁨 하나만으로 달리고 싶어
나에게 오지 마
발등과 발 측면의 기울기로 공이 나아가야 할 방향을 가
늠하고 엉덩이와 무릎과 허리의 힘을 조절하면서 어느 곳
어디에 공을 넣어야 할지 응시해야 해
나에게 오지 마
골대가 안 보여
나에게 오지 마
마음이 흔들려
나에게 오지 마
울어도 소용없어 넌 눈물의 말을 모르잖아
나에게 오지 마
네 골대를 지켜

오늘도 이 개울은 자꾸 불어나

비는 대체 언제 내린 걸까
비 한 방울 맞은 적 없는데 늘 물이 불어나 있다
저 건너로 가야 하는데
복조리가 걸린 우리 집이 있을지 모르는데

내가 볼 수 있는 건 내 눈이 닿을 수 있는 곳이라
너는 늘 거기서부터 출발해
내 앞을 지나므로
세찬 너를 따라 아주 빠르게 고개가 돌아가는데
그건 정말 순식간
다시 고개를 돌리면 아직 내 앞에 당도할 네가 있고 또
있고

그러다 문득 든 생각
너의 종착지는 어디인가 하는
내 눈길을 붙들어 매고
가자 흘러가자 하는 게 아닌가 하는
자꾸 불어나 맹렬히 흐르는 게 아닌가 하는

발을 가져다 대면
날카로운 물줄기에 베일 것 같아

붉은 선혈이 점점이 번지고
휘청거리는 두 다리를 붙들어 꼿꼿이 발을 디뎌도
너는 이내 발목을 흔들고
휘청거리다 넘어져 내 온몸이 젖고 붉은 선혈이 마구잡
이로 번져도
너는 세차게 흐르고 흘러서
나를 데려가겠지

그래 어쩌면
맑고 세차게 흐르는 개울 건너
복조리가 걸린 우리 집이 나타날 때까지

나의 몸짓과 향기에 알맞은 이름을 너에게 맡기지 않기로 했다

부르다라는 말에는 사람이 있었다
그런 사람 한둘이 아니었으나 아무도 모르는 사이 사라져 갔다
사라진 사람은 사라졌으니 모르겠다
그러나 사라지지 않은 사람도 나도 좀체 서로를 부르지 않으므로
점점 사라져 가서

관둬
내 이름은 내가 불러
중얼거렸다

나의 몸짓과 향기에 어울리는 이름을
너에게 맡기지 않기로 한 것

너에게 이름을 맡기는 건
나의 허황된 기쁨을 들추는 것
나의 과장된 슬픔을 들키는 것
그러나 그러고 싶기도 해서
부르는 소리에 답하기 위해 스스로를 다그치며 일으켜 세워 가며

천방지축 쌓아올린 이름들

그러나 저 아래
아무도 들출 수 없고 누구에게도 들키지 않아 불린 적 없는
나도 아직 불러 본 적 없으나 나만 찾을 수 있는 이름

나는 누구지
내 이름은 뭐지
이 빛저운 이름을 맡기로 한다

들숨의 부피 날숨의 무게

숨을 들이쉰다
숨이 들어와 머리끝으로 어깨로 팔로 손가락 끝으로 간다
가슴과 배를 지나 다리를 거쳐
발가락 끝으로 간다
손발 끝부터 차곡차곡 쌓인다
들이 마신 공기가 몸 구석구석으로 퍼져나가기 전에
내뱉어지면
바람 빠진 풍선처럼 납작해질 것이므로
살기 위해

묻는다
내 이름이 뭐냐
네 이름이 뭐냐가 아니란 건 분명하다
내 이름을 부른 다음
내 이름이 뭐냐
물었으니

당신의 이름은
그러니까 무엇을 하려는 마음을 먹음이라는 뜻을 가졌
어요
그 이름이 마음에 들지 않아 바꾸었죠

마음을 먹지 않고 무엇을 드셨어요?
그게 이제 당신의 이름이에요

숨을 참으면 몸이 부푼다
들이 마신 공기는 몸 어디쯤까지 퍼졌을까
후,

내쉰 숨이 자판으로 내려앉는다
무거워 글자가 마구 씌어진다
바람 빠진 풍선처럼 납작해진 것은
다행히 없다

눈부신 안녕

나는
네가 어깨놀이로 밀려드는 줄 모르고
어깨놀이로 밀려들어
진줏빛 고름이 되어 가는 줄 모르고
너는
내 마음 부푸는 줄 알고
마음이 부풀어 올라
날개를 펼칠 줄 잘 알고

그래 나는
네가 아는 것처럼 나는 날개를 펼쳐야만 했네
그래 너는
너는 속수무책 터져 버리고야 말았네

그제야 널 보네
팅팅 도동통 팅팅 디딩팅
너는 산지사방 흩어져 알알이 진주가 되네
너는 사방팔방 흩어지네

나는
푸드득 푸드득 날갯짓하며
산지사방 사방팔방 흩어진 너를 더듬네

저기서 반짝,
겨우 너와 눈이 마주쳤는데
그만 눈이 부셔 휘청 곤두박질치는데
바람에 업히려 안간힘을 쓰는데

그래 너는
태양을 마주하고도 눈 감지 않는 너는
그래서 빛나는 너는
그저
인사를 나누자 하네
눈부신 안녕을 나누자 하네

우리들의 브레멘으로

가자, 바닥으로
아득히 낮은 곳으로
깊은 낭떠러지로

가자, 훨훨

봄날 떨어진 민들레 꽃잎과
날리던 민들레 홀씨가
마침내 도착하는 곳으로

지붕이 없는 곳
하늘과 맞닿은 곳
언제나 비와 햇살을 그대로 맞이하는 곳으로

가자, 휘날려서

두렵고 설레는 곳
한 번 말고 두 번이라도
백 번 말고 만 번이라도

가자, 바람을 일으켜서

우리들의 브레멘으로
흙바닥 그 아래로
피고 또 피고
지고 또 지는
브레멘으로!

가자, 허밍을 부르며

이름 찾아 삼만 리

이름이 나타나고 파도가 쓸어간다
이름이 나타나고 파도가 쓸어간다
이름이 나타나고 파도가 쓸어간다
파도는 잔잔하다
그래도 파도는 파도
이름을 파내 쓸어간다
잔잔한 파도에 씻겨나가는 가벼운 이름
잔잔한 파도에 씻겨나가는 가여운 이름

그러던 어느 날
파도가 거세게 일어난다

그날도 이름이 나타나고 파도가 쓸어갔다
그날도 이름이 나타나고 파도가 쓸어갔다
그날도 이름이 나타나고 파도가 쓸어갔다
파도가 셀 수 없이 일어나 쓸어갔다
파도는 셀 수 없지만 이름은 셀 수 있다
아니 셀 필요 없다
쓸어가도 쓸어가도 나타나는 건 단 하나의 이름

거대한 파도가 쓸어가도 나타난다

언제고 이름이 나타나 존재한다
그래서 이걸 이름이라 이름

달의 무한한 이면을 사랑하는 사람에게

김준현 (문학평론가·시인)

한때 달은 오로지 한 면만을 보여준다는 점에서 오독의 결정체였다. 달의 자전과 공전 주기가 정확히 일치하기 때문에 지구로 향하는 쪽이 언제나 같은 쪽이다. 그러나 주지하다시피 우리는 오독을 통해 언제나 단일한 이해를 초과하는 넓이와 깊이를 확보한다. 시가 이해의 영역에서 아득히 벗어나 존재하면서도 그 생명력을 잃지 않는 것은 모든 오독의 가능성을, 독자, 즉 개별화된 주체의 권능으로 인정하기 때문이다. 미결정적 상태에 있는 말이기에 무한해지는 이면을 갖고 있기 때문이다. 시는 고정된 형상이 아니라 운동하고 있는 상태의 언어이며, 이는 달이 끝내 뒷면을 보여주지 않은 채 지구를 중심으로 공전하는 현상과 닮았다. 전근대의 달이란 구체적이지만 모호하고 태양계의 다른 행성에 비교하면 지근거리에 있음에도 갈 수 없다는 사실로 인해 무수한 시와 설화, 노래 속에서 다양한 면모로 자리하며 비유와 상징의 수사를 통해 제 위상을 확보할 수 있었다.

그러나 이제 우리는 하늘에 버젓이 달이 실재한다는 것을 알면서도 달의 행방이 묘연하게 느껴지는 시대에 살고 있다. 밤이 되어도 빛이 희소하지 않은 세상에서 달은 무력해졌고, 어느새 권능의 상징이 아닌 일상 언어의 층위로 스며들어 비근한 삶의 한 편을 셈하는 매개가 되어버렸다. 월급月給같은 단어를 통해 지난한 생계를 이를 때나 월세月貰와 같이 자본의 논리 안으로 종속된 주거 개념으로 쓸 때를 제외하곤, 우리는 도무지 달에 관심을 갖지 않는다.

아마 사십사억육천만 년은 되었나 봐
내가 눈 감을 동안 너는
아가였다가 언니였다가 누나였다가 딸이었다가 엄
마였다가 다시 아가였다가 했지

그래서
내가 눈 뜰 때
너는

내
보름달이 되었어

네가 눈 뜨면 내가 잘 보여

－「보름달 술래」 전문

김경진 시인의 첫 시집을 읽으며 중심축으로 삼고 싶었던 여러 테마가 있지만, 해설이라는 지면의 한계상 아쉬움을 무릅쓰고 여러 시편에서 빈번하게 등장하는 '달'을 중심으로 이야기를 풀어보고자 한다. 시인은 시집에서 이 지구-지상의 번잡한 말들로 자전하는 세계의 일상이 아니라 조금 다른 중력이 작동하는 언어를 희구한다. 시집을 몇 차례 재독하며 부족하나마 확신에 가깝게 말할 수 있는 점 하나는 그것이 차별화된 말을 통해 발화 주체의 단단하고 고유한 지위를 확보하고자 하는 태도가 아니라 '달'과의 관계 맺기가 아니면 드러낼 수 없는 '증상'의 시학을 구현하기 위함이라는 점이다. 사시사철 변함없는 권능을 발휘하는 태양과 달리 주기적으로 그 형상이 변하는 '달'은 김경진 시인의 시에서 은폐와 노출을 반복하는 언어 운동의 양태를 닮았다. 실은 언어라는 게 이렇게 불완전하다고 말하고 싶은 것처럼. 시인은 누대에 걸쳐 상실한 달의 위상을 우선 일상의 층위가 아니라 영속하는 신체를 통해 복원한다. 이를테면 시 속의 화자는 "어젯밤 계수나무 아래 토끼 한 마리/ 절구질하며 달의 흔적을 여미는 것"(「오늘의 공작」)을 보았다고 증언하기도 하고 '우리 아기'의 "왼쪽 검은 눈동자"에서 '검은 보름달'(「검은 보름달 눈동자」)을 발견하기도 한다. 시집을 여는 첫 작품인 「보름달 술래」에서 '술래'는 숨바꼭질 놀이에서 숨은 사람을 찾는 역할이다. 술래는 눈을 감고 다른 사람들이 완벽하게 숨을 때까지 기다린다. '보름달'에게 눈(目)의 이미지를 부여한다면, 개기월식은 달이 지금의 그림자에 들어가 완전하게 어두워지는 순간–즉 눈을 감는 순간일 것이다. '사십사억육천만 년'은 지구의 나이에 가까운 시간인데 그 시간 동안 반복해서 '보름달'이 숨어들었던 처소는 인간의 신체–더 정확히 말하면 여성의 시간이다. '아가' '언니' '누나' '딸' '엄마'는 시간의 선형성에 따른 전개이지만 '다시 아가'가 되는 순간으로 회귀하면서 이 선형성은 원형이 된다. 고대 사회로부터 위대한 어머니 여신이 지닌 신성성[1]이 강력한 생산자로서의 육체로부터 기인한다는 사실을 염두에 두고 보면 우리는 제 꼬리를 물고 있는 뱀인 '우로보로스'가 원형圓形이라는 사실과 함께, 시간의 순환성에 대해 어렴풋하게나마 이해할 수 있다. 왜 여성을 지칭하는 일반 명사의 나열인가 하는 질문은 그 순환이 오로지 여성을 통해서만 가능하다는 점을 통해 일정 부분 해소된다. 더불어 오랜 시간 누적된 대상화의 폭력을 겪은 '달'과 '여성'은 오독의 시선을 피하기 위해 미지의 뒷면을 갖는다는 점 또한 닮았다.

달이 "눈 감을 동안 너는" 성장하고 시기에 따라 다르게 호명된다. 시에서 나오는 단어는 아니지만 월경月經이라는 단어의 유래를 자연스레 떠올려보게 되는 대목이다.

시의 말미에 이르면 '너'와 '나'의 역전이 이뤄지는데 '네'와 '내'가 거의 동일한 발음값이라는 점을 생각해 보면

---

1) "세계, 생명, 자연, 영혼은 발생적이고 영양을 공급하고 온기를 제공하는 여성성으로 경험되듯이 그 대극들 또한 여성성의 이미지로 인식된다. 즉, 죽음과 파괴, 위험과 고통, 굶주림과 빈곤은 어두운 공포의 어머니Dark and Terrible Mother 앞에서는 하찮은 것에 지나지 않는다" (에리히 노이만, 『위대한 어머니 여신』(살림, 2009))

'보름달'과 '나'는 시공간을 초월해, 개별화된 개체의 몸을 초월해서 지속적으로 합일에 이르는 관계성을 보여주고 있다. "내 이름이 뭐냐/ 네 이름이 뭐냐가 아니란 건 분명하다/ 내 이름을 부른 다음/ 내 이름이 뭐냐/ 물었으니"(「들숨의 부피 날숨의 무게」) 타자가 아니라 자신의 이름을 의문하는 데 이를 즈음에서, '너'와 '나'를 가르는 경계는 무력해진다. 월경越境하는 것이다.

지금 그걸 생각한다고 달라지는 건 없겠지
오늘의 태양이 지고
내일은 내일의 태양이 뜰 테니까

지금은 밤
생각은 꼬리가 있는 게 아니더라
내가 문 건 아가리
벌릴 수 없었어
문 걸 놓으면 달아나 버릴까
문 채로 아가리를 벌리려고 애를 쓸 뿐

오늘은 오늘의 달이 떴으니
오늘의 일을 해야지
달이 밝아도
들여다볼 수 없는 아가리를 어떻게 하면 좋을까
내일의 태양이 무엇을 해 줄 수 있을까

내일은 내일의 태양이 뜨겠지만

내일은 결코 당도하지 않는데

지금은 밤

오늘의 달이 아직 떠 있고

내일은 내일의 달도 있어서

들여다볼 수 없는 아가리를 물고

네가 살아 있는지 아닌지

오지 않을 내일을 기다릴 수밖에

– 「내일은 내일의 달이 있어서」 전문

일상에서 흔히 쓰는 관용적 표현이 지닌 기만('내일은 내일의 태양이 뜬다' '꼬리를 무는 생각')을 돌파하는 것은 관용적 표현이 적어도 '나'에게는 통용되지 않는 무력한 말이기 때문이다. 사실 이와 같이 말들이 무력해지는 현상에 대한 시인의 통찰은 시집의 전반에 드러난다. 시인은 "내일의 태양이 무엇을 해 줄 수 있을까" 의문하며 미래에 섣불리 희망을 거는 일상의 전언을 부정하는 한편으로 다시금 잊힌 존재인 '달'을 소환한다. 태양과 달리 '달'은 행위의 주체가 아니라 '들여다볼 수 없는 아가리'의 어둠과 공명하는 존재다. 태양은 철저하게 빛의 응집이지만, 달은 얼마든지 어둠을 받아들인다. 보름달이 반달이 되고 초승달이 되는 제 형상의 변모를 무릅쓰고. 때로는 존재가 일시적으로 소멸에 처한 것만 같은 월식을 무릅쓰고.

그렇다면 시적 주체는 왜 '내일의 태양'이라는 빛으로 가득찬 세계-희망이 아니라 '오늘의 달'이라는 어둠 속의 빛과 관계하고자 하는 것일까?

나는 들은 적 없어서 부른 적 있는지 알 수 없고 믿을 수 없는데도 매미가 소리치는 소리를 들으면 찬 흙바닥에 닿은 머리카락과 뒤통수가 느껴지고 파란 하늘 바탕 초록 나뭇잎이 드리우는 그늘이 느껴진다 그제야 눈을 뜨고 태양을 가늠할 수 있기는 하다

내 귀에 사는 매미는 다른 곳에 살아본 적 없다는데 가끔 자기 귀에도 매미가 산다는 사람을 만나기도 한다 그들은 주로 귀에 손을 가져다 대며 매미와 같이 소리치므로 나는 그들을 안다

나도 한때 그런 적 있으므로

그러나 이제 나는 차마 같이 소리치지는 않고

굼벵이 시절을 노래하며 보낸 매미가 소리치는 때에 맞춰

햇빛 쏟아지는 길거리 한가운데서 눈을 뜨고

태양을 마주 보려 할 뿐이다

― 「내 귀에 매미가 산다」 부분

흔히 '새가 노래한다' 같은 말이 거리낌없이 쓰이는 걸 보면서 왜 새의 소리를 '노래'라고 할까 궁금했던 적이 있다. 대상을 보면서 노래한다고 말하는 깃 역시 주체가 대상을 제가 원하는 방식으로 기용한 결과가 아닌가 싶었다. 노래가 세계의 리듬을 체득한 자가 음을 질서화한 결과물이라면, 소리는 그 질서화 이전의 상태이다. 인간의 언어는 때로 의미망 안으로 포섭되면서 상실할 수밖에 없는 것들에 대해 무심하다. 그건 모든 것을 낱낱이 밝히고자 할 때 발생할 수밖에 없는 말의 폭력성이다. '밝힌다'는 말이 함의하는 '빛'의 폭력일지도 모른다.

그렇다면 시인이 굳이 "매미는 노래하지 않고 소리친다"라고 표현하는 것은 기왕의 덧씌워진 의미를 탈피해야 할 필요가 있어서일 것이다. 다만 이들은 "굼벵이 시절에 노래했다고 한다" 우리가 감각할 수 없는 세계−주체의 삶으로부터 멀리 떨어져 대상화가 불가능한 현실 안에서 이들은 더 자유롭게, 인간이 들을 수 없는 음역대로 '노래'했으리라 짐작한다. 상기한 언술을 한 번 더 빌려쓰자면 '달의 뒷면'인 셈이다. 여기서 '−했다고 한다'라는 인용 표현을 쓰는 것 역시 주체가 대상이 어둠 속에서 느꼈을 자유로움을 주관화하지 않으려는 태도에서 기인하는 게 아닐까. 즉 '굼벵이'가 긴 시간 어둠을 견뎌 '매미'라는 성충이 된다는 점에서 늘 어둠을 부정적으로 인식했던 우리의 사고는 이 시에서 전복_{顚覆}된다. 김경진 시인의 시에서 '어둠'은 억압의 이미지를 담보하지 않는다. "눈이 아파/ 작은 빛도 눈부셔/ 커튼을 치자/ 암막"(「캡틴, 어디로든 갑시다」)과도 같이 '달'을 둘러싼 어둠은 대상화의 폭력으로부터 보호하는 존재인 셈이다.

결국 매미의 소리를 통해 주체가 생래적으로 감각하는 것이 "찬 흙바닥에 닿은 머리카락과 뒤통수" "나뭇잎이 드리우는 그늘"이라는 점은 이 '소리'가 죽음이 아니라 어둠과의 관계를 통해 '안식'을 희구하는 자의 내면이라는 점을 환기한다. 어둠과 한 면이 맞닿은 채로 "그제야 눈을 뜨고 태양을 가늠할 수 있기는 하다"고 말할 때 나는 '그제야'라는 부사와 '−있기는 하다'라는 말을 통해 지극히 축소된 존재감−태양의 빛에 눌려 곧 사라지기 직전인 것처럼 떠 있는 '낮달'의 희미한 상을 감지한다. 어둠이 없으면 존재할 수 없는 삶을 긍정하는 것. 나를 둘러싼 모든 것을 어둠으로 만들어야만 드러나는 것. 고래로부터 '달'은 개인의 절실한 기원을 들어주던 신명이었다. 다소 도식적일 수 있으나 그럼에도 이분화하여 말해보자면 태양이 '만물'의 영장이라면, 달은 '한 사람'의 마음에 닿는 존재다. 어둠을 죄악시하지 않는 존재다. 모든 게 손쉽게 보편으로 환원되어 버리는 세계에서 고유한 목소리를 지키고자 하는 마음이 '불면증'이란 증상의 형태로 발현된다. 이 불면^{不眠}을, 나는 불면^{不面}이라고 바꿔 명명하고 싶다.

이름이 나타나고 파도가 쓸어간다
이름이 나타나고 파도가 쓸어간다
이름이 나타나고 파도가 쓸어간다

파도는 잔잔하다
그래도 파도는 파도
이름을 파내 쓸어간다
잔잔한 파도에 씻겨나가는 가벼운 이름
잔잔한 파도에 씻겨나가는 가여운 이름

그러던 어느 날
파도가 거세게 일어난다

그날도 이름이 나타나고 파도가 쓸어갔다
그날도 이름이 나타나고 파도가 쓸어갔다
그날도 이름이 나타나고 파도가 쓸어갔다
파도가 셀 수 없이 일어나 쓸어갔다
파도는 셀 수 없지만 이름은 셀 수 있다
아니 셀 필요 없다
쓸어가도 쓸어가도 나타나는 건 단 하나의 이름

거대한 파도가 쓸어가도 나타난다
언제고 이름이 나타나 존재한다
그래서 이걸 이름이라 이름

– 「이름 찾아 삼만 리」 전문

멀리서부터 밀려와 해변을 긁는 모양이 마치 육지를 절

박하게 희구하는 손처럼 보인다. 해변에 남겨놓은 그 어떤 흔적도−공들여 지은 모래성, 이름과 이름 사이의 ♡, 갈매기들의 띄엄띄엄한 발자국, 흐물텅한 해파리 시체나 속이 텅 빈 조개껍데기를 쓸어가는 파도는 그 자체로 영원회귀를 상징한다. 2연까지는 "잔잔한 파도에 씻겨나가는 가벼운 이름"이지만 이 반복 속에도 차이가 존재한다는 걸 보여주는 건 3연의 "그러던 어느 날/ 파도가 거세게 일어난다"는 언술이다. 이는 어쩌면 안정된 일상−반복에 균열을 일으키고자 하는 세계의 응전처럼 보인다. 동시에 나는 여기서 '달'의 힘으로 인해 생기는 조수간만의 차를 떠올렸다. 달의 인력과 지구의 회전으로 생기는 바닷물 높이의 주기적인 변화−즉 달의 힘이 강해지는 순간이다. 참과 이지러짐에 의해 그 형상이 달라지는 것과 같은 변화 속에서도 여전히 '나타나'는 '이름'이다. 사실 시 안에서 이름을 쓰는 주체는 명확하지 않다. 이 이름이 구체적으로 누구의 이름인지도 등장하지 않는다. 시집 전반에 걸쳐 '너' 혹은 '당신'이라는 2인칭이 빈번히 등장하지만 그가 주체와 어떤 관계성을 갖고 있는지 드러나지 않는 것처럼. '이름'은 마치 자기 의지를 지닌 것처럼 '나타'난다. "파도는 셀 수 없지만 이름은 셀 수 있다"라는 언술에서 처음에는 무한에 맞서는 유한을 읽어냈지만 여러 차례 읽는 동안 어쩌면 파도가 정확한 이름을 찾기 위해 고투하고 있는 건 아닐까, 하는 생각도 들었다. "간절함에 푹 담근 이름/ 안녕의 열망에 절인 이름/ 어쩌면 단박에 약이 되는 이름/ 아픈 델 알면 부를 수도 있을 이름"(「잠자리 한 마리」)은 어쩌면 "나도 아직 불러 본 적 없으나 나만 찾을 수 있는 이름"(「나의 몸짓과 향기에 알맞은 이름을 너에게 맡기지 않기로 했다」) 이므로. 타자를 통한 인정 욕구를 버리고 스스로 명명과 호명의 주체가 되고자 하는 마음이 어쩌면 거센 파도를 일게 하는 달의 의지는 아닐까 싶었다.

덧붙여 다소 비약적인 해석일 수 있지만, 시의 제목이 「이름 찾아 삼만 리」가 「엄마 찾아 삼만 리」라는 이름의 에니메이션에서 따온 것을 토대로 삼아 생각해 보면 이 엄마母와 바다海가 계속해서 나타나는 '이름'에 대한 일종의 반향으로 읽히기도 했다. 세계를 아무리 돌아다녀도 찾기 힘든 '엄마'와 아무리 기억하려 해도 그 '이름'을 지우는 '바다' 간에 자연스럽게 어떤 교점이 형성되었다. 시에서 표면적으로는 언급된 바 없는 母와 海의 닮음에 자꾸만 시선이 가는 것은, 시인이 '말'에 대해 지닌 남다른 감각으로 인해서일지도 모른다.

그런 어느 날
건널목 옆 버스정류장
초록불을 내달려 문을 두드리는데도
열어주지 않는다

버스 꽁무니를 노려보면서
안녕이라니
툴툴거리며 이십 분을 기다려 다음 버스에 오른다

버스를 타려면 한 발 들어 올려 발판을 디디는데 그
럼 역시
몸이 마치 인사하듯 숙여진다
그래서인지 버스 기사는
"안녕하세요?" 인사를 하는데
그럼 나도 모르게
"안녕하세요?" 인사를 받고는

안녕은 무슨 안녕
하면서도
지나가버린 이십 분의 안녕이
안녕해지곤 한다

– 「이십 분의 안녕」 부분

나는

별별 생각을 하는
별별 일을 벌이는
별별 사람을 만나는
지구 별 사람

– 「별의 별」 부분 (동시집 『별의 별』 문학동네 2020 수록)

시집을 읽으면서 '나도 모르게' 하는 말의 허위를 폭로하며 그 균열에서 자신의 말과 감정의 관계성을 성찰하는 시들을 읽으며 '나도 모르게' 재밌다는 혼잣말을 하던 참이었다. 어떤 말들은 내 의지와 무관한 알고리즘에 의해 설정되어 있는 반면, 어떤 말들은 일상에 내재한 감정의 파고波高를 그대로 담은 채 나와버린다. 어디선가 이 말들의 시원始原을 감각한 적이 있다고 생각했는데, 아마도 오래 전 손꼽아 기다렸던 김경진 시인의 첫 동시집 『별의 별』(문학동네, 2020) 제목을 들었을 때였던 것 같다. '별의별'이라는 수사가 지닌 부정의 어법이 띄어쓰기를 통해 '별의 별'이 되면서 두 개의 빛으로 확장되는 순간의 미덕과 '별별'이 다채로운 삶의 국면을 펼치며 살아가는 '나'의 용감한 태도는 얼마나 매력적인지. 시집 해설 안에서 동시를 다 옮길 수는 없지만 동시집 속 '말'과 관련된 제목만 옮겨놓아도 「말달리자」, 「실은 말이야」, 「말 따라 달려가면」, 「말을 찾아서」, 「말 그림자」가 있는 걸 보면 김경진 시인이 '말'의 물성 그 자체에 얼마나 천착하고 있으며, 그 말이 의미로 점철된 완전체가 아니라 일상 안에서 얼마나 불완전한 상태로 세계와 관계 맺고 있는지에 대해 오랜 시간 고민해왔음을 알 수 있다. 그런 시인에게 우리의 일상 전반에서 거의 무의식에 가까울 정도로 습관이 되어버린 말 "안녕하세요?"는 얼마나 이상한 말일까. 몸짓 하나로 안녕(安寧: 아무 탈 없이 편안함)한지의 여부를 묻는 이 말은 실재와는 괴리된 '말'과 '말'의 관습적 교환이다. "네가 마음을 놓고 지내라고 해서/ 나는 마음을 찾기 시작"하지만, 시인은 관

념이 결합된 관습적 말하기가 실재의 영역에서 얼마나 무
소용한지를 누차 경험할 뿐이다. 시인은 이런 말들에서 끝
내 "혀를 어디에 놓을지 몰라 입이 불편"해지는("혀가 불편
하다」) 증상을 겪는다.

    너의 말은 온통
    어…… 음…… 그…… 저…… 이……

    네가 말하기 전부터
    네가 말하는 동안에도
    눈이 내렸다
    개나리 가지는 눈이 너무 무거워
    가지를 잘라내며 가벼워지고 있었는데

    네가 무슨 말을 했더라
    어와 음과 그와 저와 이 사이에 있던 말이 뭐였더라
    그 말을 모으면 무슨 말이 되는 거였더라
    너는 무슨 말을 한 것 같은데
    너의 말은 전부
    어와 음과 그와 저와 이 사이로 눈처럼 내려
    너의 말은 어느새
    우리 사이에 있는 공백들을 속속들이 채우고
    머리 위로 어깨 위로 쌓일 수 있는 곳이라면 어디라도
    낱낱이 쌓여

<

눈은 그쳤지만

눈처럼 쌓인 너의 말로

나는 너무 무거워져서

한 발자국도 움직이지 못하고

팔이며 다리며 머리카락이며 볼을 헤아리다

어디를 자르면 가벼워질까

가늠하는데

세상은 수직으로 낙하

툭 소리와 함께

하얀 눈에 덮인 하얀 운동화가 보이고

나는 한결 가벼워져 있었다

—「공백채움말」전문

뜸을 들이는 말 끝에 말줄임표로 이어지는 "어……
음…… 그…… 저…… 이……"의 눌변이 때로 진심을 담
보할 수 있는 말을 찾기 위한 모색의 과정에서 필연적으로
발생하는 지연이라면 어떨까 생각했다. 그러다 문득, 그
건 시가 아닐까? 싶었다. "너는 무슨 말을 한 것 같은데/
너의 말은 전부/ 어와 음과 그와 저와 이 사이로 눈처럼 내
려" "우리 사이에 있는 공백들을 속속들이 채"운다는 언술
에서 그런 마음이 더 강하게 들었다. '무슨 말'인지 알 수
없으나 '공백들을' 채우는 말, 더불어 "눈"(雪)처럼 하강

하는 속성을 지니고 있는 것이 연과 행을 나눠가며 아래로 내려가려는 지향을 가진 시와 닮았다. 소리가 없는 것도. 흼(白)을 함의하고 있는 것도. 무게를 견디다 못해 한순간 '수직으로 낙하'하며 '무거'움을 '가벼'움으로 전환하는 것 역시 시의 알레고리일 것 같다. 말을 더듬거나 말줄임표를 통해 침묵으로 내닫거나 같은 말을 여러 번 반복하며 말이 나아가지 못하고 공회전하는 것처럼 보이는 현상은 시의 곳곳에서 드러난다. 그건 주체의 의지와 무관하게 외부로부터 덧붙는 의미가 완연히 사라지기를 기다리는 시간—견딤의 시간이다. 여백의 무게가 충분해질 때까지 기다리는 시간이다. 세계와 말 사이가 가까워 자연스레 길항관계가 생성되고 말이 구어의 흐름으로 터져나오는 근래의 많은 시들이 산문처럼 퍼져 확산되는 경향을 생각해 보면 1996년에 시인으로 등단해 작품활동을 시작한 시인이 긴 시간 응축된 침묵이 말의 형상을 갖는 데 걸린 시간은 아득하게 느껴진다. 그건 시인이 애초에 상정한 공백의 규모를 가늠하게 한다. 일상의 층위에서 시를 쓰는 '나'의 존재를 위협하는 모든 말과 고투하며 보낸 삼십여 년 시간의 깊이를 한 편 한 편 느리게 읽을 수 있으면 좋겠다. 못다 한 말이 너무 많아 '공백들'로 채울 수밖에 없음을 고백하며 다시금 달의 이면을 통해 시인의 말이 지닌 심연을 깊이 들여다본다.

그녀들을 심고 가꾸는 밤

초판 1쇄 발행 2025년 11월 20일

지은이 김경진

발행인 방정원
발행처 도서출판 놀북
등록 제 573-2019-000011호
주소 충북 청주시 상당구 수영로162 101호
전화 010-2714-5200
전자우편 nolbook35@naver.com

ISBN 979-11-91913-51-4(03810)

· 이 책은 2025년 한국예술인복지재단 창작준비지원금으로 발간되었습니다.